IMPARARE L'ITALIANO

PER BAMBINI UCRAINI

Вивчаймо італійську мову, для українських дітей

Una guida semplice e illustrata per iniziare a comprendere e parlare la lingua Italiana partendo da zero

Sofiya Morozova

L'ALFABETO ITALIANO

Італійський алфавіт

Великі та малі літери

LETTERE MAIUSCOLE:

A - B - C - D - E - F - G - H - I - J - K - L - M - N - O - P - Q - R - S - T - U – V - W - X - Y - Z

LETTERE MINUSCOLE:

a - b - c - d - e - f - g - h - i - j - k - l - m - n - o - p - q - r - s - t - u - v - w - x - y - z

Auto

Barca

Casa

Dado

Elicottero

Farfalla

Gufo

Hotel

Insetto

Jeans

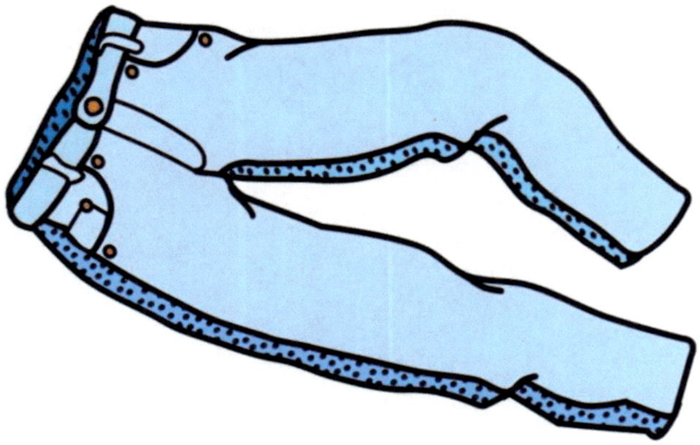

Kiwi

Leone

Martello

Noce

Ombrello

Pavone

Quaderno

Rana

Sedia

Topo

Uova

Valigia

Whisky

Xilofono

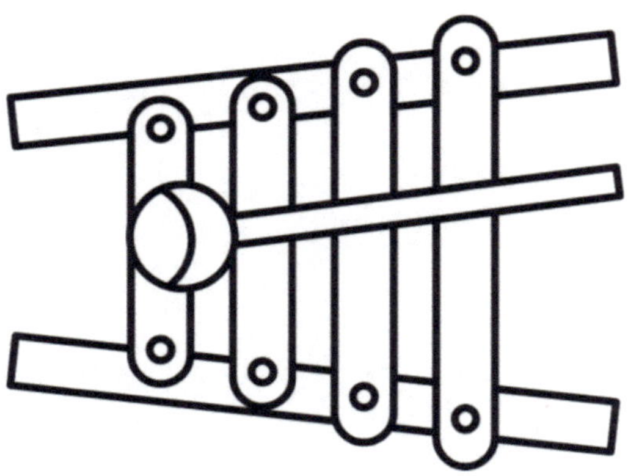

Yogurt

Zebra

I NUMERI

Числа

NUMERI		**Числа**
1 - Uno	⟷	ОДИН
2 - Due	⟷	ДВА

3 - Tre	↔	ТРИ
4 - Quattro	↔	Чотири
5 - Cinque	↔	П'ЯТЬ
6 - Sei	↔	шість
7 - Sette	↔	сім
8 - Otto	↔	вісім
9 - Nove	↔	дев'ять
10 - Dieci	↔	десять
11 - Undici	↔	одинадцять
12 - Dodici	↔	дванадцять
13 - Tredici	↔	тринадцять

14 - Quattordici ↔ чотирнадцять

15 - Quindici ↔ п’ятнадцять

16 - Sedici ↔ шістнадцять

17 - Diciassette ↔ сімнадцять

18 - Diciotto ↔ вісімнадцять

19 - Diciannove ↔ дев’ятнадцять

20 - Venti ↔ двадцять

I COLORI

Кольори

COLORI		Колір
Bianco	⟷	Білий
Grigio	⟷	Сірий
Giallo	⟷	Жовтий
Arancione	⟷	Помаранчевий
Rosso	⟷	Червоний

Verde	⟷	Зелений
Blu	⟷	Синій
Viola	⟷	Фіолетовий
Marrone	⟷	Коричневий
Nero	⟷	Чорний
Oro	⟷	Золотистий
Argento	⟷	Сріблястий

GIORNI E MESI

Дні та місяці

GIORNI DELLA SETTIMANA

Дні тижня

Lunedì	⟷	Понеділок
Martedì	⟷	Вівторок
Mercoledì	⟷	Середа
Giovedì	⟷	Четвер
Venerdì	⟷	П'ятниця

Sabato	⟷	Субота
Domenica	⟷	Неділя

MESI DELL'ANNO		**Місяці**
Gennaio	⟷	Січень
Febbraio	⟷	Лютий
Marzo	⟷	Березень
Aprile	⟷	Квітень
Maggio	⟷	Травень
Giugno	⟷	Червень
Luglio	⟷	Липень
Agosto	⟷	Серпень
Settembre	⟷	Вересень
Ottobre	⟷	Жовтень
Novembre	⟷	Листопад
Dicembre	⟷	Грудень

TEMPO E STAGIONI

Час і пори року

STAGIONI		**Пори року**
Primavera	⟷	Весна
Estate	⟷	Літо
Autunno	⟷	Осінь
Inverno	⟷	Зима

TEMPO		Погода
Freddo	⟷	Холодно
Caldo	⟷	Жарко
Pioggia	⟷	Йде дощ
Neve	⟷	Йде сніг
Nuvoloso	⟷	Хмарно
Vento	⟷	Вітряно
Bel tempo	⟷	Гарна погода
Maltempo	⟷	Негода

NATURA E ANIMALI

Природа та тварини

NATURA | Природа

Terra	⟷	Земля
Sole	⟷	Сонце
Mare	⟷	Море
Montagna	⟷	Гора

Foresta	⟷	Ліс
Fiume	⟷	Річка
Lago	⟷	Озеро
Isola	⟷	Острів
Deserto	⟷	Пустеля
Cascata	⟷	Водоспад

ANIMALI — Тварини

Cane	⟷	Собака
Gatto	⟷	Кіт
Cavallo	⟷	Кінь
Mucca	⟷	Корова
Maiale	⟷	Свиня
Gallina	⟷	Курка
Coniglio	⟷	Кролик
Pecora	⟷	Вівця
Topo	⟷	Миша
Leone	⟷	Лев
Tigre	⟷	Тигр

Orso	↔	Ведмідь
Lupo	↔	Вовк
Coccodrillo	↔	Крокодил
Serpente	↔	Змія
Giraffa	↔	Жирафа
Tartaruga	↔	Черепаха
Pesce	↔	Риба
Squalo	↔	Акула
Uccello	↔	Птах
Pappagallo	↔	Папуга

LA FAMIGLIA

Сім'я

LA FAMIGLIA		Сім'я
Madre	⟷	Мати
Padre	⟷	Батько
Fratello	⟷	Брат
Sorella	⟷	Сестра

Figlio	↔	Син
Figlia	↔	Дочка
Bambino	↔	Дитина
Genitore	↔	Батьки
Marito	↔	Чоловік
Moglie	↔	Дружина
Nonno	↔	Дідусь
Nonna	↔	Бабуся
Zio	↔	Дядько
Zia	↔	Тітка
Cugino	↔	Двоюрідний брат
Cugina	↔	Двоюрідна сестра
Nipote	↔	Племінник
Parente	↔	Родичка

LA CASA

Дім

Stanza	⟷	Кімната
Soggiorno	⟷	Вітальня
Cucina	⟷	Кухня

Salone	⟷	Зал
Camera da letto	⟷	Ліжко
Sala da pranzo	⟷	Їдальня
Bagno	⟷	Вбиральня
Cantina	⟷	Підвал
Balcone	⟷	Балкон
Garage	⟷	Гараж
Cortile	⟷	Двір
Soffitto	⟷	Стеля
Porta	⟷	Двері
Finestra	⟷	Вікно
Pavimento	⟷	Підлога
Condizionatore	⟷	Кондиціонер
Presa	⟷	Розетка
Interruttore	⟷	Вимикач

MOBILI

Меблі

Divano	⟷	Диван
Armadio	⟷	Шафа
Tavolo	⟷	Стіл
Sedia	⟷	Стілець
Letto	⟷	Ліжко
Materasso	⟷	Матрац
Televisione	⟷	Телебачення
Comodino	⟷	Тумбочка

LA SCUOLA

Школа

MATERIE SCOLASTICHE — Шкільний предмет

MATERIE SCOLASTICHE		Шкільний предмет
Matematica	⟷	Математика
Lettere	⟷	Читання
Scienze	⟷	Наука
Storia	⟷	Історія

Geografia	⟷	Географія
Arte	⟷	Мистецтво
Musica	⟷	Музика
Fisica	⟷	Фізика

MATERIALE SCOLASTICO

Шкільні приладдя

Libro	⟷	Книга
Quaderno	⟷	Записник
Penna	⟷	Ручка
Matita	⟷	Олівець

Gomma	⟷	Ластик
Righello	⟷	Лінійка
Colla	⟷	Клей
Forbici	⟷	Ножиці
Temperino	⟷	Точилка для олівців

<u>IN AULA</u> — <u>У класі</u>

Scrivania	⟷	Стіл
Lavagna	⟷	Дошка
Luce	⟷	Світло
Pagella	⟷	Табель успішності

Flauto	⟷	Флейта
Strumento	⟷	Інструмент

IL CORPO UMANO

Тіло людини

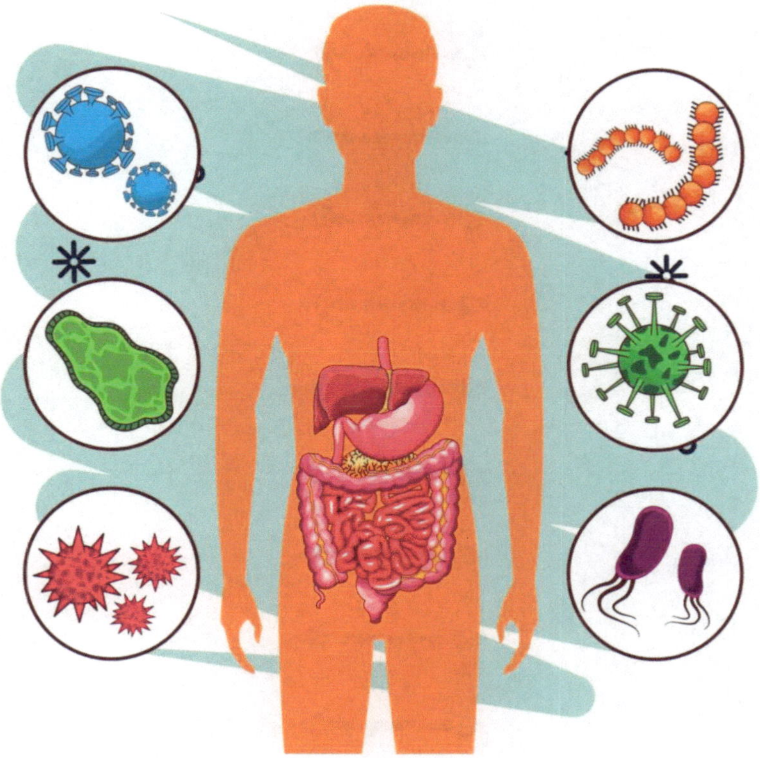

PARTI DEL CORPO / Частини тіла

Testa	⟷	Голова
Viso	⟷	Лице
Occhi	⟷	Око
Naso	⟷	Ніс
Orecchie	⟷	Вухо

Bocca	Рот
Collo	Шия
Mento	Підборіддя
Denti	Зуби
Lingua	Язик
Capelli	Волосся
Sopracciglia	Брови
Guancia	Щока
Gola	Горло
Braccio	Рука
Mano	Рука
Gamba	Нога
Piede	Ступня
Dito	Палець
Schiena	Спина
Polso	Зап’ястя
Gomito	Лікоть
Spalla	Плече
Ginocchio	Коліно

Caviglia	Щиколотка
Tallone	П’ята
Unghia	Ніготь

ORGANI	**Органи**
Cuore	Серце
Polmone	Легені
Fegato	Печінка
Stomaco	Живіт
Rene	Нирки

IL CIBO

Їжа

I PASTI — Їжа

I PASTI		Їжа
Colazione	⟷	Сніданок
Pranzo	⟷	Обід
Cena	⟷	Вечеря
Spuntino	⟷	Перекуска

<u>CIBO</u> — <u>Їжа</u>

Pizza	⟷	Піца
Pane	⟷	Хліб
Hamburger	⟷	Гамбургер
Bistecca	⟷	Стейк
Patatine	⟷	Картопля фрі
Panino	⟷	Бутерброд
Pasta	⟷	пасту
Spaghetti	⟷	Спагетті
Hot dog	⟷	Хот-дог

PESCE **Риба**

Salmone	⟷	Лосось
Gambero	⟷	Креветка
Tonno	⟷	Тунець
Granchio	⟷	Краб
Merluzzo	⟷	Тріска
Trota	⟷	Форель
Cozza	⟷	Мідія

VERDURE **Овочі**

Pomodoro	⟷	Помідор
Patata	⟷	Картопля
Piselli	⟷	Горох
Carota	⟷	Морква
Cipolla	⟷	Цибуля
Peperoncino	⟷	Перець чилі
Carciofo	⟷	Артишок
Broccoli	⟷	Брокколі
Fagioli	⟷	Квасоля
Zucchine	⟷	Кабачки-цукіні

Asparagi	⟷	Спаржа
Funghi	⟷	Гриби
Insalata	⟷	Салат-латук
Melanzana	⟷	Баклажан

FRUTTA — фрукт

Pesca	⟷	Персик
Mela	⟷	Яблуко
Pera	⟷	Груша
Banana	⟷	Банан
Arancia	⟷	Апельсин

Limone ⟷ Лимон

Fragole ⟷ Полуниці

Uva ⟷ Виноград

Anguria ⟷ Кавун

Ciliegie ⟷ Вишні

Ananas ⟷ Ананас

Kiwi ⟷ Ківі

Albicocca ⟷ Абрикос

Prugna ⟷ Слива

BEVANDE **Напої**

Acqua ⟷ Вода

Caffè ⟷ Кава

Aranciata	⟷	Апельсиновий сік
Succo di frutta	⟷	Сік
Tè	⟷	Чай
Limonata	⟷	Лимонад
Bibita	⟷	Мак

LO SPORT

Спорт

Calcio	⟷	Футбол
Pallavolo	⟷	Волейбол

Baseball	⟷	Бейсбол
Tennis	⟷	Теніс
Rugby	⟷	Регбі
Hockey	⟷	Хокей
Bowling	⟷	Боулінг
Rugby	⟷	Регбі
Golf	⟷	Гольф

ABBIGLIAMENTO

Одяг

Maglietta	⟷	Футболка
Pantaloni	⟷	Брюки
Gonna	⟷	Спідниця
Scarpe	⟷	Взуття

Giubbotto	⟷	Пальто
Giacca	⟷	Куртка
Camicia	⟷	Сорочка
Cravatta	⟷	Краватка
Abito	⟷	Костюм
Jeans	⟷	Джинси
Maglione	⟷	Светр
Cappello	⟷	Кепка
Guanti	⟷	Рукавички
Sciarpa	⟷	Шарф
Stivali	⟷	Чоботи
Sandali	⟷	Сандалі
Tuta	⟷	Комбінезон
Borsa	⟷	Гаманець
Cintura	⟷	Пояс

INTIMO — Нижня білизна

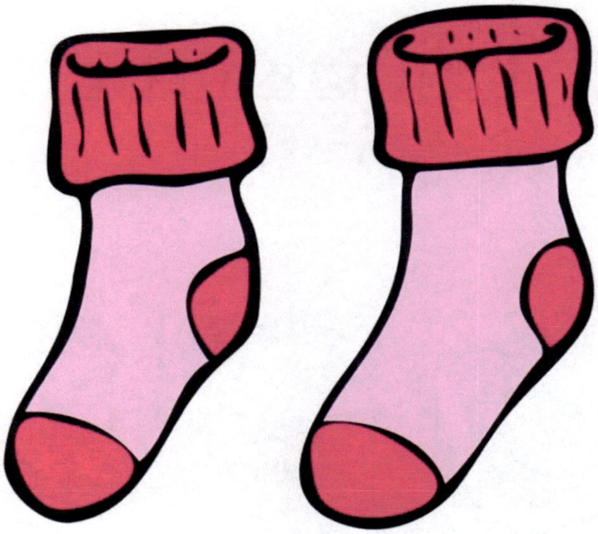

Mutande	⟷	Нижня білизна
Calzini	⟷	Шкарпетки
Reggiseno	⟷	Бюстгальтер
Canottiera	⟷	Майка
Calze	⟷	Панчохи
Pigiama	⟷	Піжама
Ciabatte	⟷	Тапочки

COSE PER BAMBINI

Речі для дітей

Ciuccio	⟷	Соска
Biberon	⟷	Дитяча пляшечка
Culla	⟷	Ліжечко
Passeggino	⟷	Коляска
Bavaglino	⟷	Нагрудник

Pannolino	↔	Підгузок
Giocattoli	↔	Іграшки
Seggiolone	↔	Високе крісло
Tutina	↔	Дитяче боді

TRASPORTI

Транспорт

Automobile	⟷	Автомобіль
Autobus	⟷	Автобус
Aereo	⟷	Літак
Barca	⟷	Човен
Moto	⟷	Мотоцикл
Camion	⟷	Вантажівка
Bicicletta	⟷	Велосипед

Treno	⟷	Поїзд
Elicottero	⟷	Вертоліт
Taxi	⟷	Таксі
Scooter	⟷	Скутер
Metro	⟷	Метро
Tram	⟷	Трамвай

LA PACE

Мир

Pace	⟷	Мир
Amore	⟷	Кохання
Rispetto	⟷	Повага
Amicizia	⟷	Дружба
Fiducia	⟷	Довіра
Scuse	⟷	Даруйте

PROFESSIONI

Професії

Dipendente	⟷	працівник
Ragioniere	⟷	Бухгалтер
Segretario	⟷	Секретар
Avvocato	⟷	Адвокат
Giudice	⟷	Суддя
Poliziotto	⟷	Поліцейський

Insegnante	↔	Вчитель
Infermiere	↔	Медсестра
Dottore	↔	Лікар
Veterinario	↔	Ветеринар
Farmacista	↔	Фармацевт
Cuoco	↔	Готувати
Pilota	↔	Пілот
Autista	↔	Водій
Cameriere	↔	Офіціант
Cameriera	↔	Офіціантка
Commesso	↔	Продавець
Commessa	↔	Продавчиня
Parrucchiere	↔	Перукар
Ingegnere	↔	Інженер
Segretario	↔	Секретар
Architetto	↔	Архітектор
Artista	↔	Митець
Meccanico	↔	Механік
Elettricista	↔	Ветеринар

L'UNIVERSO

Всесвіт

Pianeta	⟷	Планета
Luna	⟷	Місяць
Stella	⟷	Зірка
Galassia	⟷	Галактика
Spazio	⟷	Космос
Cometa	⟷	Комета
Asteroide	⟷	Комета

SALUTI

Вітання

Buongiorno ⟷	Доброго ранку
Buonasera ⟷	Добрий вечір
Ciao ⟷	Привіт
Buonanotte ⟷	На добраніч
Buon pomeriggio ⟷	Добрий день
Arrivederci ⟷	До побачення

Come stai?	Як справи?
Bene grazie	Добре, дякую
Di dove sei?	Ви звідки?
Dove vivi?	Де ти мешкаєш?
Piacere di Conoscerti	Приємно познайомитися
Mi chiamo…	Мене звуть…
A dopo	До зустрічі
A domani	До завтра

GRAZIE E PER FAVORE

Слова подяки та ввічливості

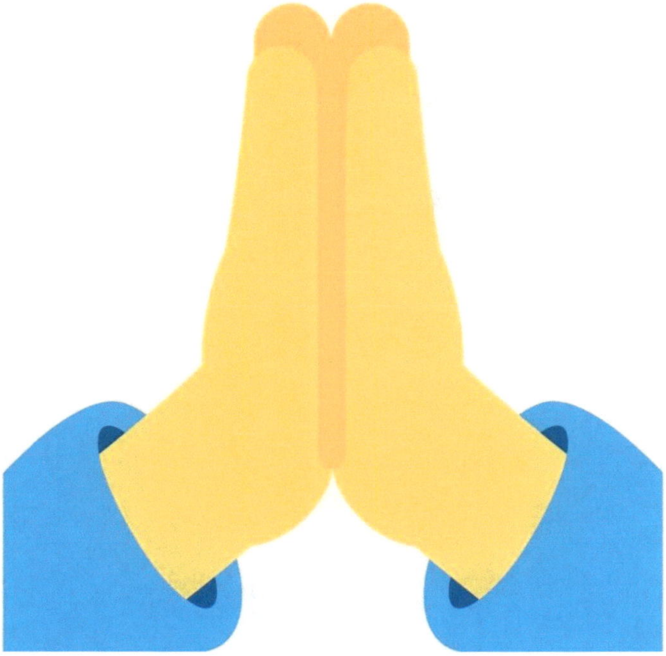

Grazie	⟷	Дякую
Per favore	⟷	Будь ласка

ALTRE PAROLE — Інші слова

Si	⟷	Так
No	⟷	Ні
Si, un po’	⟷	Так, трохи

Non lo so	⟷	Я не знаю
Cosa hai detto	⟷	Що ви сказали?
Non capisco	⟷	Не розумію
Come si dice	⟷	Як ви сказали?
Di nuovo	⟷	Ще раз
Lentamente	⟷	Повільно
Mi dispiace	⟷	Мені шкода
Non preoccuparti	⟷	Не хвилюйтеся

SENTIMENTI **Почуття**

Buono	⟷	Добрий
Cattivo	⟷	Поганий

Felice	⟷	Щасливий
Triste	⟷	Сумний
Calmo	⟷	Спокійний
Arrabbiato	⟷	Злий
Sorpreso	⟷	Здивований
Annoiato	⟷	Знуджений
Spaventato	⟷	Наляканий
Vivo	⟷	Живий
Morto	⟷	Мертвий
Solo	⟷	Самотній
Insieme	⟷	Разом з
Facile	⟷	Легкий
Difficile	⟷	Важкий

FESTE E RICORRENZE

Свята та ювілеї

Compleanno	⟷	День народження
Matrimonio	⟷	Весілля

Anniversario	⟷	Ювілей
Laurea	⟷	Випускний
Matrimonio	⟷	Весілля
Vacanza	⟷	Свято
Funerale	⟷	Похорон
Regalo	⟷	Подарунок
Celebrazione	⟷	Святкування

DAL DOTTORE

До лікаря

Influenza	⟷	Грип
Ho il raffreddore	⟷	У мене застуда
Ho i brividi	⟷	У мене озноб
Non mi sento bene	⟷	Я почуваюсь зле
Sono ammalato	⟷	Я хворий

Mi fa male la testa	⟷	У мене болить голова
Ho la febbre	⟷	У мене лихоманка
Ho la diarrea	⟷	У мене діарея
Ho la nausea	⟷	Мене нудить
Ho un’allergia	⟷	У мене алергія
È grave?	⟷	Це серйозно?
Mi fa male la gola	⟷	У мене болить горло
Sono caduto	⟷	Я впав
Ho avuto un incidente	⟷	Я потрапив в аварію

I VERBI

ДІЄСЛОВА

VERBO ESSERE		**БУТИ**
Io Sono	⟷	Я є
Tu Sei	⟷	Ти є
Egli / Lui / Lei E'	⟷	Він / Вона / Воно є
Noi Siamo	⟷	Ми є
Voi Siete	⟷	Ми є
Essi Sono	⟷	Вони є

Esempio: **Io Sono** un bravo ragazzo

Приклад: я хороший хлопчик

VERBO AVERE		**МАТИ (володіти)**
Io Ho	⟷	Я маю
Tu Hai	⟷	Ти маєш
Egli / Lui / Lei Ha	⟷	Він / Вона / Воно має
Noi Abbiamo	⟷	Ми маємо
Voi Avete	⟷	Ви маєте
Essi Hanno	⟷	Вони мають

Esempio: **Tu Hai** un cane

Приклад: у вас є собака

VERBO ANDARE		**ХОДИТИ**
Io Vado	⟷	Я йду
Tu Vai	⟷	Ти йдеш
Lui / Lei / Egli Va	⟷	Він / Вона / Воно йде
Noi Andiamo	⟷	Ми йдемо
Voi Andate	⟷	Ви йдете
Essi Vanno	⟷	Вони йдуть

Esempio: **<u>Lui Va</u>** al mare

Приклад: Він йде на море

<u>VERBO FARE</u> **<u>РОБИТИ</u>**

Io Faccio	⟷	Я роблю
Tu Fai	⟷	Ти робиш
Lui / Lei / Egli Fa	⟷	Він / Вона / Воно робить
Noi Facciamo	⟷	Ми робимо
Voi Fate	⟷	Ви робите
Essi Fanno	⟷	Вони роблять

Esempio: **<u>Noi Facciamo</u>** una prova

Приклад: Ми робимо тест

<u>VERBO POTERE</u> **<u>МОГТИ</u>**

Io Posso	⟷	Я можу
Tu Puoi	⟷	Ти можеш
Lui / Lei / Egli Può	⟷	Він / Вона / Воно може

Noi Possiamo	⟷	Ми можемо
Voi Potete	⟷	Ви можете
Essi Possono	⟷	Вони можуть

Esempio: **Loro Possono** Mangiare

Приклад: Вони можуть їсти

VERBO VOLERE — ХОТІТИ

Io Voglio	⟷	Я хочу
Tu Vuoi	⟷	Ти хочеш
Lui / Lei / Egli Vuole	⟷	Він / Вона / Воно хоче
Noi Vogliamo	⟷	Ми хочемо
Voi Volete	⟷	Ви хочете
Essi Vogliono	⟷	Вони хочуть

Esempio: **Io Voglio** una frutta

Приклад: я хочу фрукт

Printed in France by Amazon
Brétigny-sur-Orge, FR

20767288R00042